Marion Jana Goeritz

Seelenweiß

Bibliografische Information der Deutschen Nationalbibliothek:

Die Deutsche Nationalbibliothek verzeichnet diese Publikation in der Deutschen Nationalbibliografie; detaillierte bibliografische Daten sind im Internet über http://dnb.dnb.de abrufbar.

© 2015 Marion Jana Goeritz

Coverbild: Marion Jana Goeritz

Herstellung und Verlag: BoD – Books on Demand, Norderstedt

ISBN: 978-3-7347--5769-3

Herzlich Willkommen liebe Leser,

„Seelenweiß" ist eine ausgewählte Sammlung meiner Gedanken und Gefühle, welche uns eintauchen lassen in die vielen Facetten des Lebens.

Es würde mich freuen, wenn meine Texte die Gefühle Ihrer Seele erreichen und vielleicht erhalten Sie dadurch auch, einen Impuls selbst einmal zu schreiben.

Ich freue mich sehr, dass Sie zu „Seelenweiß" gefunden haben und wünsche Ihnen nun viel Freude beim Lesen.

Herzlichst

Marion Jana Goeritz

Manchmal
ist der Weg lang
zur eigenen Seele
doch er ist lohnenswert
Begegnungen mit Menschen
lassen spüren
was gut für das eigene Leben ist
und dann
findet man zu sich selbst

Die Seele ein Kraftwerk

Mein Los
wird keines sein
ich spiele nicht

Ein Hochgebirge das Leben

Berge und Täler

steinig und eben

unbekanntes wird zu bekanntem

und

anfängliche Herausforderungen

können

zu innerer Stärke führen

Gefühle impulsiv
alles muss raus
nichts bleibt zurück
Normalität
ja

Im Regen weinen

niemand

bemerkt die Tränen

niemand wer trösten könnte

und vielleicht

hört Gott die Bitte

im Freien besser

der Schmerz will raus

Seele

sie sehnt sich nach Liebe

Eine Expedition
macht mal jeder Mensch
die in sein eigenes Leben

In einer kalten Zeit

ein liebendes Herz finden

eine liebenswerte Seele spüren

einem wunderbaren

Menschen begegnen

welcher Nähe zulässt

und Liebe schenkt

Wege ins Leben
Angst ist kein guter Begleiter
Vertrauen kann führen
wo das Herz geliebt
und die Seele
glücklich sein könnte

Hoffnung
wie lange
immer und immer wieder
ist das gesund
gesund für die Seele
Mut der Wahrheit
ins Auge zu blicken
wird man dann glücklicher
oder
ist es gesund zu kämpfen
ist Hoffnung auch kämpfen
alles geben
damit sich die Hoffnung erfüllt
alles
lebt man dann glücklicher

überschäumende Träume
Seelenfeuer ist entfacht
und bleibt

Regenbogenfarbenspiel

tanzt an der Wand

nur jetzt

nur heute

vielleicht

vielleicht auch nicht

aber immer

wenn

die warmen Sonnenstrahlen

den Kristall

am Fensterglas kitzeln

Barfuss im Schnee

Kälte steigt auf

all die nicht gelebten Träume

einfrieren

nicht vergessen

mit dem ersten Frühlingswind

vielleicht

wehen sie wieder in das Leben

Gehalten sein durch die Liebe
dem Anderen nah
zwei sie fühlen tiefe Liebe
so sollte es immer sein

Das Warten
mit Hoffnung füllen
und der Gelassenheit
die Hand reichen

Mit offenem Blick
übers weite Meer
mit weiten Schwingen
über große Höhen
alles sieht anders aus
vieles wird leichter

Fremde Welt

du in mir

was kann ich dir geben

was du nicht schon hast

war ich es

die dich in meine Welt

gebeten hat

gibt es da wirklich etwas

was mir fehlt

fremde Welt

so sprich doch bitte

Dieser Gang auf dieser Welt
wo führt er hin
dieses Gebrüll auf dieser Welt
wer möchte es hören
dieses nur Ich auf dieser Welt
wer mag es
diese Liebe auf dieser Welt
wer wird mutig genug sein
sich ihr zu öffnen
und mit ihr zu gehen

Der Schmerz noch da

wenn auch klein

Gedanken sie erinnern sich

an eine Zeit die einmal war

Träume

nein Träume sind keine mehr da

nur ein Wunsch

du wärst jetzt hier

Flockenwirbel in der Seele
Gefühle sie sind längst erstarrt
ein weißes Tuch
legt sich nun nieder
und bedeckt so manche Schmach
hoffnungsvoll in weiter Ferne
ist die Liebe die noch schweigt
werden ihre warmen Strahlen
treffen auf die Einsamkeit
das weiße Tuch
es könnte schmelzen
Gefühle wachen auf
wenn doch nur die Liebe käme
dann hört der Seelenschmerz
auch auf

Für das Morgen fühlen
was dem Jetzt noch fehlt.

Gedanken schweben übers Meer
weit weg in alle Ewigkeit
irgendwann da fängt sie wer
und sie dann mit Liebe nährt

Liebe

ein Gedanke

ein Wort

ein Gefühl

ein Lächeln

eine Berührung

ein liebendes Herz

was braucht die Liebe mehr

Eine lange Reise
des Herzens
durch die Häfen der Liebe
bis das Herz
den Anker wirft
doch nichts war vergebens

Ausprobieren

Freude haben

ganz egal

was andere sagen

mutig sein

vorwärts streben

auch keine Angst

vorm Schritt zurück

wenn man es fühlt

der Weg zum Glück

Mein Häuptling

dein Herz

mein Schatz

deine Seele

vielleicht ein Freund

vielleicht ein Seelenfreund

vielleicht noch ein Freund

im Augenblick

habe ich keine Antwort

Hoffnungsvoll
das Rot des Herzens
das es immer so bliebe

Wenn Träume landen
dann bist du bei mir

Die Träumerei der Seele
bringt einen manchmal
aus der Fassung
und auf einmal ist es Liebe

Erinnerung zerrinnt
und in einer Träne
geht eine ganze Welt
auf Reisen

Lass das Alte erzählen
doch hör gut zu

Ein Stein

erzählt die Geschichte

seiner Reise

ein Mensch erzählt die seine

ein Tier lässt deine Seele spüren

du bist nicht allein

Nebelwände

weichen

die Welt

sie liegt im Licht

Gähnende Leere

doch im Kopf nur laut

nichts scheint mehr wichtig

Seelenschimmer

wird verschlungen

von der Außenwelt

es scheint

es ist kein Weg zu finden

der das Herz erhellt

Ruhe bringt den Frieden wieder

den man nur verloren glaubt

und die Kraft der Liebe hilft

das man an sich selber glaubt

In sich selber ruhen
bringt viel Gutes auf den Weg

Nach man schwerem Tag
wünscht man sich
die Nacht herbei
nach manch schwerer Nacht
hofft man auf den Tag

In allem ist Seele

Vergangenes
wird zu Vergangenem
wenn die Seele
mit Liebe verarbeiten darf

Der Kopf noch voller Gedanken
das Herz schon in Liebe

Wenig Konsum ist alles
wenn man sich nur
Liebe wünscht

Der Schrank gefüllt
mit Kompensationen
der Weg noch versperrt
weil Liebe fehlt

Das Licht
langsam erhellt es den Morgen
und wenn der Abend sein Tuch
ganz langsam über die weichen
Sonnenstrahlen legt
ist die Hoffnung groß
und der Glaube stark
und keine Angst hält mehr fest
das das Licht nie wieder
einen neuen Morgen sehen wird

Im frischen Wind
Gedanken sortieren
Blicke schweifen übers Land
was gerade noch im Nebel lag
wird nun klar erkannt

Liebst du deinen Feind
wird das Dunkel hell
schließt du ihn in die Arme
wird er zum Diamant

Wenn Tränen auf Reisen gehen

blickt die Seele auf

Mein Ticket ins Leben
du
ohne Pause
ohne Rückfahrtschein
schnell reisend
durch öde Landschaften
doch aufblickend
und hoffentlich nie vergehend
durch blühende Gärten
mein Ticket das bist du

Schweige dich nicht aus
rede dich nicht klein
das ist Leben

Beten wir für diese Welt
das der Mut zur Liebe wächst
und alle Menschen in Liebe leben
beten wir für diese Welt
dass Ehrlichkeit Freude bringt
und Nahrung für alle reicht
beten wir für diese Welt
dass das Wort allein genügt
um einen Streit zu verschließen
und nur Freudentränen fließen
beten wir für diese Welt
das Kinderlachen
diese Welt erfüllt
und das schöne Träume
wachsen dürfen

Ein Krieger
die Farben seiner Seele
er trägt sie im Gesicht
seine Hand führt er zum Herzen
und ein Lächeln geht an dich

Und der Himmel
er reicht doch bis zur Erde

Hast du Traurigkeit in dir
stell deine Welt auf den Kopf
und alles fällt raus
das was dich glücklich macht
nimm wieder an deine Hand

Wie ein Komet einst auf die Erde
so schlugst du ein in meine Seele
Herzensfreund

Funkt das Leben dazwischen

dann eben Plan B

Tiefseetaucher

ein Blick

unter mein Seelennetz genügt

und du fängst Gefühle ein

aus großen Tiefen

mit dir im Licht

wandeln sie nun

auf dem Pfad der Liebe

Schöne Worte
für ein liebendes Herz
eine Melodie
für eine liebenswerte Seele
Vergebung

Lass mich in die Ferne sehen
wenn ich mich durchleuchtet hab
lass mich über Höhen gehen
weil es meine Seele mag
lass mich meine Gefühle leben
und mit meinem Willen raufen
lass mich
meine Grenzen kennen
aber diese auch mal sprengen
lass mich
meine Sehnsucht finden
und diese immer bei mir sein
lass mich auch
in Erinnerung schwelgen
doch lass mich bitte nie allein

Ein Stern

er fällt mitten ins Leben

ein weiter Weg

von irgendwo her

sein Licht es strahlt

durch den Nebel

und macht das Dunkel hell

Aus großen Tiefen
längst geborgen
aus dem Dunkel hoch ans Licht
ein Gefühl meiner Seele
bitte
bitte vergiss mich nicht

Was ist schon die Stärke

des Willens

wenn man das Gefühl

der Seele spürt

Gelassenheit

in dem einen Moment

wie soll das denn bitte gehen

So viel Schönes
fang mich auf
halt mich fest
glücklich

Weil du keine Regeln machst
weil du meine Träume trägst
weil du meine Ängste spürst
weil du meinen Weg mit gehst
weil du meine Karten kennst
weil du mich nie warten lässt
bin ich für dich da

In der Nacht vor dem Traum
sehe ich ein klares Licht
weit weg von mir
und doch nur für mich
es streichelt meine Seele
und nimmt mir
meine Traurigkeit

Deine Liebe

sie berührt meine Seele

Ich zähle meine Schritte
doch gehen tu ich nicht
ich zähle meine Schritte
verstehen tu ich nicht
ich zähle meine Schritte
ich zähle sie für dich
ich zähle deine Schritte
du kommst auf mich zu

Du siehst die Angst
in meinen Augen
du spürst den Kummer
meiner Seele
du schließt mich in deine Arme
und ich darf fliegen

Warme Farben sie erinnern mich
an die Sehnsucht eines Herzens
an die Liebe deiner Seele